Celine Schlager

Die Epoche des Sturm und Drangs

Abitursthema

GRIN Verlag

Bibliografische Information der Deutschen Nationalbibliothek:

Die Deutsche Bibliothek verzeichnet diese Publikation in der Deutschen National-
bibliografie; detaillierte bibliografische Daten sind im Internet über http://dnb.d-
nb.de/ abrufbar.

Impressum:

Copyright © 2010 GRIN Verlag GmbH
Druck und Bindung: Books on Demand GmbH, Norderstedt Germany
ISBN: 978-3-656-27236-6

Dieses Buch bei GRIN:

http://www.grin.com/de/e-book/194012/die-epoche-des-sturm-und-drangs

GFS Die Epoche des Sturm und Drangs

Sturm und Drang [...] wer die drey Worte anstaunt, als wären sie chinesisch oder malabarische, der hat hier nichts zu erwarten, mag immerhin ein alltägliches Gericht sich auftischen lassen.
Heinrich Leopold Wagner, 1777

Frei wie der Wind
Götter wir sind.
Lenz, Lied zum teutschen Tanz, um 1776

Gliederung

1. Begriff
2. Grundcharakter und Historischer Hintergrund
3. Literatur des Sturm und Drang
   3.1. Geniekult
   3.2. Das Drama im Sturm und Drang
   3.2.1. Das bürgerliche Drama
   3.2.2. Dramen von Lenz
   3.3. Der Roman im Sturm und Drang
   3.4. Die Lyrik des Sturm und Drang
   3.5. Die Anfänge der Balladendichtung
4. Themen des Sturm und Drang (Zusammenfassung)
5. Vertreter und Werke

1. Begriff

Die Sturm- und Drang-Zeit ist eine nach dem Schauspiel "Sturm und Drang" (1776, ursprünglicher Titel "Wirrwarr", von Chr. Kaufmann umbenannt) von F.M. Klinger bezeichnete geistige Strömung in Deutschland, die von der Mitte der 60er bis zur Mitte der 80er Jahre des 18. Jahrhunderts zu datieren ist. Der Sturm und Drang ist eine Bewegung junger Schriftsteller, die sich in Frankfurt, Straßburg sowie in Schwaben sammelten. Der Beginn der Epoche wurde mit dem Erscheinen der Herderschen Fragmente 1767 markiert. Der Sturm und Drang endet mit dem Wandel Goethes und Schillers zu Klassikern, ausgelöst durch Goethes Bildungsreise in Italien und Schillers Kant-Studien.

2. Grundcharakter und historischer Hintergrund

In jener Bewegung begannen an vielen Orten junge aufstrebende Köpfe gegen die Enge und Unfreiheit der bestehenden Verhältnisse aufzulehnen. Diese jungen Autoren setzten nun den unmittelbaren originalen Ausdruck von Gefühl und Fantasie gegen die starren Regeln der Vernunft in Szene. Diese Protestbewegung entstand nun aus der

Freiheitsbewegung des deutschen Volkes. Das deutsche Volk forderte einen Einheitsstaat und wünschte sich Einheit, Recht und Freiheit. Denn Deutschland war zu der Zeit in viele verschiedene Territorien zersplittert.
Der Sturm und Drang war seinem Wesen nach also eine Protestbewegung und zugleich eine Jugendbewegung. Der Protest richtete sich gegen dreierlei:

- die absolutistischen Obrigkeiten in den deutschen Staaten sowie die höfische Welt des Adels,
- das bürgerliche Berufsleben, das man für eng und freudlos hielt, ebenso wie die bürgerlichen Moralvorstellungen,
- die überkommene Tradition in Kunst und Literatur.

In dem ersten Punkt stimmte man mit den Aufklärern überein, in dem zweiten Punkt stand man in Widerspruch zu ihnen, und was den dritten Punkt anging, so war man radikaler als die Aufklärer. In der Zeit des Sturm und Drangs übernahmen junge Schriftsteller zwar die Ideen der Aufklärung, betonten aber stärker das Gefühl. Man sollte den Sturm und Drang als Differenz und Kontinuität zur Aufklärung begreifen. Die Autoren des Sturm und Drang waren keine ignoranten Aufklärungsgegner, sondern leidenschaftlich aufgeklärt. Bei allen politischen Ideen war der Sturm und Drang in erster Linie eine literarische Strömung.

3. Literatur des Sturm und Drang

3. 1. Geniekult

Im Mittelpunkt neuer ästhetischer Betrachtungen steht nun das Genie, nicht mehr die Regelpoetik. Die Zeit des Sturm und Drangs wird auch als Geniezeit bezeichnet, die viele Genies hervorbrachte, und in welcher der Dichter gegenüber anderen Menschen herausgehoben wurde. Starke Impulse erhielten die Genies durch Shakespeare. Während Gottsched ihn wegen seiner "Regellosigkeit" ablehnte, fand er bei den Stürmern und Drängern große Anerkennung. Somit konnte nun die Ablösung der französischen klassizistischen Dichtung ermöglicht werden. Shakespeare avancierte bei den Stürmern und Drängern zum Vorbild als genialer Dichter.
Ein Entstehungsgrund für den Geniekult war auch der hinzugekommene starke Konkurrenzdruck auf dem literarischem Markt. Die neue Literatur ist einerseits durch Genialität, andererseits durch Subjektivität geprägt worden. Die Elemente des Geniedaseins standen jedoch im Gegensatz zur aufklärerischen Rationalität. Jedoch darf der Sturm und Drang nicht als Kampf gegen die Aufklärer gesehen werden. Mit dem Sturm und Drang trat die Aufklärung in eine neue Phase ein. Die aufklärerische Rationalität wurde durch die Gefühlsregungen der Stürmer und Dränger erweitert. Verstand und Gefühl bildeten nun eine Einheit.
Die Literaturauffassung der Stürmer und Dränger besagt, dass die Literatur für größere Volksteile zugänglich werden sollte, und nicht mehr nur für Intellektuelle. Der Dichter stellte sich also in den Dienst des Bürgertums.
Im Sturm und Drang war ein Genie das "Urbild des höheren Menschen und Künstlers".

3. 2. Das Drama im Sturm und Drang

Die bevorzugte literarische Form der Stürmer und Dränger war das Drama, ihm wurde eine erzieherische und bildende Rolle zugeschrieben. Die Behandlung aktueller Gesellschaftsprobleme ist eine Neuerung des Dramas des Sturm und Drang gegenüber

anderen Epochen. In vielen Dramen des Sturm und Drang findet man das Motiv der
"verführten Unschuld", das durch die Stürmer und Dränger in ein neues Licht gerückt
wurde. Von der Kritik am Feudalismus, bei welcher der Feudalherr als Verführer der
bürgerlichen Unschuld dargestellt wird, übt man jetzt Kritik an der bürgerlichen Moral,
welche dies regungslos hinnimmt.
Die Idee vom Nationaltheater und vom bürgerlichen Drama, wie sie auch Lessing hatte,
setzten die Stürmer und Dränger fort. Mit Werken wie Die Räuber (1781) und Kabale und
Liebe (1784) von Schiller und den Götz von Berchlingen (1773) von Goethe wurde das
deutsche Theater mit dem französischen und englischem Theater ebenbürtig.
Bei den Räubern von Schiller sind, mehr als in einem anderen Drama jemals zuvor,
revolutionäre, antifeudale Elemente ausgebildet. Außerdem zeigt es die Wirklichkeit
des 18. Jahrhunderts, das von organisiertem Bandenwesen und Pauperismus
(Massenarmut) geprägt wurde.
Eines haben die Dramen des Sturm und Drang alle gemeinsam: am Ende scheitert
der Held an den gesellschaftlichen Verhältnissen und kann seine Identität nur durch
Mord, Freitod oder Selbstverstümmelung bewahren.
Wichtige Themen der Dramen im Sturm und Drang waren Freiheitskampf gegen die
Gesellschaft (z.B. Schiller: Kabale und Liebe, Die Räuber; Goethe: Goetz von
Berchlingen; Klinger: Die Zwillinge) und gesellschaftliche Geschlechterauffassungen
(z.B. Lenz: Die Soldaten).

3. 2.1. Das bürgerliche Drama

Merkmale des bürgerliche Dramas sind die Einhaltung von Tugenden, wie
Humanität, Toleranz, Sittlichkeit und Gefühlsbetontheit. Die Vertretung dieser
Tugenden dient als Abgrenzung gegenüber der höfischen Gesellschaft. Der erste
"richtige" bürgerliche Held in einem Drama ist Luise, die Tochter eines
Stadtmusikanten, aus Schillers Kabale und Liebe. Auch der Handlungsort des
bürgerlichen Dramas spielt nun in Deutschland, und nicht wie bisher im Ausland. In
Kabale und Liebe wird versucht, die Standesschranken zu überwinden, doch fordert
dies das Opfer von Luise durch eine Intrige (=Kabale) der höfischen Gesellschaft.

Kabale und Liebe

Friedrich Schiller schrieb das bürgerliche Trauerspiel 1783 unter dem Titel Luise Millerin.

*Zur Umbenennung in Kabale und Liebe kam es auf Vorschlag des Schauspielers und
Theaterleiters August Wilhelm Iffland. Im Mittelpunkt steht die unglückliche Liebe zwischen
dem Adligen Ferdinand und der Musikertochter Luise. Von großem Einfluss auf das Werk
war Gotthold Ephraim Lessings Emilia Galotti.*

*Ferdinand von Walter und Luise, Tochter des Stadtmusikanten Miller, lieben sich. Diese
Verbindung über Standesgrenzen hinweg schmeichelt zwar Luises Mutter. Ihr Vater hält
sie aber für unrealistisch. Auch Ferdinands Vater, Präsident der Residenz, ist gegen eine
Heirat seines Sohnes mit einer Bürgerlichen. Er will Ferdinand mit Lady Milford, der
Mätresse des Herzogs, verheiraten um so seinen Einfluss bei Hofe zu vergrößern.
Ferdinand rebelliert gegen den Plan seines Vaters und hält an seiner Liebe zu Luise fest.
Um ihn davon abzubringen, initiieren der Präsident und sein Sekretär Wurm, zugleich
Nebenbuhler Ferdinands, eine heimtückische Intrige: Luises Eltern werden grundlos
verhaftet. Sodann wird Luise mit der andernfalls ihren Eltern bevorstehenden Hinrichtung
zu einem fingierten Liebesbrief an den Hofmarschall von Kalb erpresst. Außerdem muss
sie einen Eid auf ihr Leben schwören, diesen Brief freiwillig geschrieben zu haben. Der*

Brief wird Ferdinand zugespielt und weckt gezielt dessen Eifersucht. Luise will sich nun durch Freitod vom Eid lösen, um Ferdinand wenigstens sterbend die Wahrheit sagen zu können. Ihr Vater hält sie davon ab, indem er an ihre Treue ihm gegenüber appelliert. Luise muss also auf Ferdinands Vorwürfe schweigen. Blind vor Wut und Verzweiflung vergiftet Ferdinand sich und Luise. Sterbend ist sie jetzt frei von ihrer Schweigepflicht und kann Ferdinand vergeben. Das Drama kritisiert den ständischen Gegensatz zwischen Adel und Bürgertum und schildert den Konflikt zwischen Sittsamkeit und Liebe. Es ist die empörte Anklage gegen die Willkür und Tyrannei höfischer Macht, die die elementaren Rechte der Menschen völlig missachtet. Schiller übt schonungslose Kritik an der absoluten Herrschaft der Fürsten in den deutschen Kleinstaaten und deren Soldatenhandel. Mit der Zentralgestalt des Werkes, Luise, gestaltet er eine Zeit, in der die Standesschranken einstürzen werden. Durch seinen Aufenthalt an der progressiven Carlsschule, setzt er sich außerdem für Menschlichkeit und die Gleichberechtigung der Partner, die verschiedenen Ständen angehören, in einer Liebesbeziehung ein. Kabale und Liebe wurde zum ersten großen sozialen deutschen Drama.Es weist zudem alle Kennzeichen des Sturm und Drang auf, der darin aber durch das Scheitern Ferdinands überwunden wird.

3. 2.2. Dramen von Lenz

Die Dramen von Lenz zeichneten sich durch eine bedeutsame Änderung aus: der Vermischung von Komödischem und Tragischem. Lenz schuf somit eine neue Dramenform, in der sich Tragisches mit Komischen und Satirisches mit Ernstem verband. In seiner Komödie Die Soldaten (1776) wird dies besonders deutlich. Die Ständeklausel wird nicht eingehalten, da Figuren niederen Standes (z.B. Wesener, Stolzius, Marie) neben Figuren des adligen Standes (z.B. Desportes, Gräfin De La Roche) auftreten. Der Stoff handelt von etwas Alltäglichem (Liebe), jedoch ist er nicht frei erfunden. Das Kriterium des Redestils ist auch nicht eingehalten, da verschiedene Redestile nebeneinander stehen. Der Ausgang des Werkes entspricht nicht dem einer Komödie im klassischen Sinne. Es findet zwar eine glückliche Versöhnung am Ende zwischen Marie und Wesener als Happy-End statt, jedoch steht dies neben dem tragischen Tod von Stolzius und Desportes. Die Soldaten ist keine Komödie nach aristotelischen Kriterien, sondern eine Mischform, eine Tragikomödie.
Bedeutend ist Lenz auch wegen seinen Dramenfiguren. Er schuf zwiespältige Charaktere, deren Verhalten von den sozialen Verhältnissen bestimmt wurde, in dem sie lebten. Sie stellten also keine Tugendgestalten, wie Nathan bei Lessing, oder Heldenfiguren wie Karl Moor bei Schiller.

Lenz Die Soldaten

Die tragische Komödie „Die Soldaten" von Jakob Michael Reinhold Lenz erschien 1776 anonym und enthält autobiographische Elemente: Lenz selbst verliebte sich unglücklich in die Tochter eines Straßburger Goldschmieds, deren Hochzeit mit einem Baron im Offiziersstand zwar versprochen, aber nie vollzogen wurde.
Marie Wesener, eine Kaufmannstochter, beginnt eine Beziehung mit dem jungen Offizier Desportes, obwohl sie mit dem Tuchhändler Stolzius verlobt ist. Maries Vater erkennt nach anfänglichem Widerstand, dass sich mit der Liebschaft seiner Tochter soziale Aufstiegsmöglichkeiten eröffnen und hilft Marie, sich mit Hilfe eines Abschiedsbriefes an Stolzius erstmal von ihm zu lösen, ihn jedoch noch warmzuhalten, falls es mit Desportes doch nicht klappen sollte. Doch dem jungen Offizier geht es nur um eine kurze Affäre. Obwohl Maries Vater dessen Schulden bezahlt, wendet sich Desportes von Marie ab.

Sofort wirbt ein anderer Soldat namens Mary, der mit Desportes befreundet ist, um sie. Als sie den jungen Grafen de la Roche kennenlernt, nimmt dessen Mutter Marie in ihre Obhut, um sie vor Nachstellungen zu schützen. Marie kann Gesellschafterin der Gräfin werden, unter der Bedingung, dass sie ein Jahr keinen Mann zu sehen bekommt. Sie trifft sich jedoch mit Mary und verlässt daraufhin die Gräfin. Als dieser jedoch bemerkt, dass sie auch dem jungen Grafen de la Roche Hoffnungen gemacht hat, lässt er sie ebenfalls fallen. Marie macht sich derweil auf die Suche nach Desportes, dieser lässt sie jedoch von einem Jäger aufhalten, mit unredlichen Absichten („Was der nun aus ihr macht, will ich abwarten[…]"). Als Desportes dieses in Gegenwart von Stolzius zugibt, wird er von Stolzius vergiftet. Mary, ein Freund Desportes und ehemaliger Werber um Marie, will daraufhin seinen toten Freund rächen, aber Stolzius hat sich ebenfalls vergiftet. Sterbend macht er dem Stand der Soldaten zum Vorwurf, dass sie junge Mädchen verführten und so zu Ausgestoßenen aus der Gesellschaft machen würden. Maries Vater hat sich derweil ebenfalls auf den Weg zu Desportes gemacht. Er findet seine hungernde Tochter bettelnd auf der Straße. Erst erkennt er sie nicht, dann fallen sie sich in die Arme. Um die „Folgen" des ehelosen Standes der Soldaten künftig verhindern zu können, soll eine „Pflanzschule von Soldatenweibern" gegründet werden.

Inhaltlich enthält „Die Soldaten" zwei zentrale Kritikpunkte: Zum einen kritisiert Lenz die Ehrlosigkeit der adligen Offiziere, die ihren Stand schamlos zur Verführung von Bürgerstöchtern nutzen. Damit greift er einen seinerzeit aktuellen Missstand auf – „entehrte" Frauen verloren nicht nur ihren Ruf, sie sahen sich auch oftmals vor der schwierigen Aufgabe, ein uneheliches Kind aufzuziehen. Unterstützung durften sie im seltensten Fall erwarten: Die hinzukommende gesellschaftliche Ächtung und Verachtung kommt in der mehrmals ausgesprochenen Bezeichnung „Soldatendirne" zum Ausdruck. Lenz belässt es jedoch nicht bei einer einseitigen Kritik von Soldatentum oder Adel: Der zweite Punkt betrifft das Bürgertum selbst, das nach unten tritt und nach oben bückt. Nicht nur Maria träumt von adligem Glanz und Reichtum, auch ihr anfangs vorsichtiger Vater bricht zugunsten von Eitelkeit und Ehrgeiz in seinen Tugenden ein. Der schöne Schein zerbricht nur allzuschnell – Desportes entpuppt sich als skrupellos und egoistisch. Die fehlende Moral der Offiziere und die fehlende Genügsamkeit des Bürgertums bedingen somit den Konflikt und führen zur Katastrophe. In dem Dialog zwischen der fürsorglichen Gräfin La Roche und dem ehrenvollen Obristen von Spannheim zeigt Lenz seinen Lösungsansatz für das Problem: Vom Staat bezahlte und gesellschaftlich anerkannte Kurtisanen sollen die Soldaten von den Bürgerstöchtern fernhalten. Die Opfer der konkreten Misere werden zumindest finanziell entschädigt: Indem das Regiment für Desportes Fehltritt geradesteht und seine Eltern die Verantwortung für seinen verschwenderischen Lebenswandel übernehmen soll.

3. 3. Der Roman im Sturm und Drang

Der bürgerliche Roman hatte vor der Epoche des Sturms und Drangs das gleiche Problem, wie das bürgerliche Drama. Beide standen sie noch in ihren Kinderschuhen. Erst mit Goethes Briefroman Die Leiden des jungen Werther (1774) erschien der erste bürgerliche Roman. Die Form des Briefromans ist eine Möglichkeit, das Gefühlsleben durch unkonventionelle Sprache zu artikulieren. Werther ist ein junger, bürgerlicher Intellektueller, der am Eingliederungsversuch eines bürgerlichen Individuums in die feudale Ordnung (Ständegesellschaft) scheitert und darauf Selbstmord begeht. Werther war ein Außenseiter der Gesellschaft und nicht angepasst und integriert wie Albert. Werther behauptete für sich das Recht auf Selbstbestimmung, Selbstfindung und Selbstverwirklichung. Dies war jedoch nicht bei der Arbeit möglich, da er sich als Sekretär auch unterordnen muss. Einzig die

Liebe bot ihm einen Ausweg aus der Subordination (Unterordnung), weil sie eine Gleichstellung zwischen zwei Liebenden ermöglichen kann.
Der bürgerliche Roman gilt als Vorläufer des späteren modernen Romans in Deutschland.

Die Leiden des jungen Werthers

«Warum ich dir nicht schreibe? - Fragst du das und bist doch auch der Gelehrten einer. Du solltest raten, dass ich mich wohl befinde, und zwar - kurz und gut, ich habe eine Bekanntschaft gemacht, die mein Herz näher angeht. Ich habe - ich weiß nicht.»

"Die Leiden des jungen Werthers" ist ein Briefroman, der 1774 erschienen ist und Goethe über Nacht in Deutschland berühmt werden ließ. Bis auf die letzten tragischen Ereignisse, die der Protagonist nicht mehr selbst berichten kann, ist die gesamte Handlung in Briefen erzählt, die Werther an seinen Freund Wilhelm richtet. „Die Leiden des jungen Werther" gilt als Schlüsselroman des Sturm und Drang. Der Roman wurde in für damalige Zeiten sehr hohen Auflagen gedruckt und war Mitauslöser der sogenannten Lesesucht. Kein weiteres Buch Goethes wurde von so vielen seiner Zeitgenossen gelesen.

Werther ist ein junger Mann, der noch nicht Recht weiß, was er im Leben machen möchte. Er kommt in die Stadt W., um für seine Mutter eine Erbschafts-Angelegenheit zu erledigen, und wohl auch, um aus der gewohnten Umgebung heraus zu kommen. Er genießt es, in der Natur umherzustreifen und übt sich im Zeichnen. Eines Tages wird er auf einen Ball eingeladen, zu dem er Lotte begleitet, die Tochter eines Amtsmannes. Seit dem Tod ihrer Mutter kümmert Lotte sich um ihre Geschwister. Werther weiß im Voraus, dass sie verlobt ist, aber er verdrängt dieses Wissen und verliebt sich sofort.

Während des Balls kommt es zu einem Gewitter, welches beide an das gleiche Gedicht von Klopstock erinnert, und so bemerken sie, am Fenster dem Naturschauspiel zuschauend, eine tiefe Seelenverwandtschaft. Von nun an besucht Werther die Tochter des Amtsmannes beinahe täglich und verbringt viel Zeit mit ihr. Aber als Albert, Lottes Verlobter, von einer geschäftlichen Reise zurückkehrt, ändern sich Werthers Gefühle. Die Anwesenheit des Verlobten macht ihm die Hoffnungslosigkeit seiner Liebe bewusst.Obwohl Albert ein sympathischer, gutmütiger Mensch ist, bleibt das Verhältnis zwischen ihm und Werther gespannt - wegen der Rivalität um Lotte und auch, weil der bodenständige Albert ganz andere Ansichten hat, als der schwärmerische Werther. Dieser bemerkt, dass seine starken und hoffnungslosen Gefühle für Lotte ihm gefährlich werden können, und so beschließt er, die Stadt zu verlassen, um sich zu retten. Als ihm ein Graf einen Posten als Gesandter anbietet, sieht Werther eine Gelegenheit, sich räumlich und auch emotional dem Einfluss Lottes zu entziehen. Aber die Geschäftspedanterie, die Kleinlichkeit und Enge der Etikette und zuletzt die Zurücksetzung von Seiten des adeligen Kastengeistes zerstören seine Hoffnungen. Enttäuscht kehrt Werther zurück zu dem Ort, den seine Seele Heimat nennt, zu Lotte. Aber inzwischen sind Lotte und Albert verheiratet. Albert ist viel beschäftigt und daher manchmal verdrießlich, und Werther bemerkt, dass Lotte die alte Vertrautheit mit ihm vermisst. Er bildet sich ein, dass sie nicht glücklich ist mit ihrem Mann. Eines Abends, als Albert unterwegs ist, besucht Werther sie. Er liest ihr aus dem Ossian vor, und plötzlich umarmen und küssen sich die beiden. Werther wirft sich vor ihr auf den Boden, Lotte flieht ins Nachbarzimmer, um nicht Werthers Leidenschaft zu erliegen und will ihn nicht mehr wieder sehen. Nach diesem Ereignis verzweifelt Werther endgültig. Er schreibt einen Abschiedsbrief, leiht sich unter einem Vorwand von Albert zwei Pistolen und erschießt sich.

Die Handlung trägt autobiographische Züge. Goethe gestaltet hier literarisch-frei seine platonische Beziehung zu der bereits verlobten Charlotte Buff, in die er sich verliebt hatte, als er von Mai bis September 1772 Praktikant am Reichskammergericht in Wetzlar war.

Das Motiv für den tragischen Ausgang dieser Liebe, die Selbsttötung Werthers, lieferte Goethe der Suizid seines Freundes Karl Wilhelm Jerusalem. Der hatte sich in eine verheiratete Frau verliebt, die für ihn unerreichbar blieb. Die literarische Figur der Lotte im Roman trägt auch Züge von Maximiliane von La Roche, einer weiteren Bekanntschaft des jungen Goethe aus der Entstehungszeit des Romans.

Goethe wollte mit diesem Roman vor allem die jungen Menschen ansprechen und zu Toleranz aufrufen. Selbstmord war nicht nur in der Kirche, sondern auch in der Gesellschaft eine ungeheure Schandtat (Bei dem Begräbnis Werthers war kein Geistlicher anwesend). Goethe "entschuldigt" die Tat mit der Begründung, dass das Elend Werthers, der Selbstmord, eine Krankheit sei.

3. 4. Die Lyrik des Sturm und Drang

Die Lyrik des Sturm und Drangs war bestimmt von Liebes-, Natur- und lehrhaften Gedichten. Die Empfindungslyrik spielte eine wesentliche Rolle, da auch sie, wie der Briefroman, das Gefühlsleben zum Ausdruck bringen konnte. Ihre Gedichte wurden oft im Stil einfacher Lieder oder auch Volkslieder geschrieben. Von daher sind sie meistens von einer harmonischen Stimmung durchzogen und waren demnach speziell auch für die ärmere Bevölkerung gedacht.In diesen Gedichten ist deutlich zu erkennen, dass die Gefühle, sowohl fröhliche als auch traurige, eine ganz neue Rolle für die Lyrik spielten. Beide Themen wurden so real wie möglich dargestellt, was nur mit genügend Emotionen erreicht werden konnte. Der Leser sollte sich mit den Gedichten identifizieren können und die Gefühle des lyrischen Ichs nachvollziehen können. Einige Beispiele sind Willkommen und Abschied (1771) von Goethe oder Der Bauer an seinen durchlauchtigen Tyrannen (1773) von Gottfried August Bürger.

<u>Willkommen und Abschied von Goethe</u>

Es schlug mein Herz, geschwind zu Pferde!
Es war getan fast eh gedacht.
Der Abend wiegte schon die Erde,
Und an den Bergen hing die Nacht;
Schon stand im Nebelkleid die Eiche,
Ein aufgetürmter Riese, da,
Wo Finsternis aus dem Gesträuche
Mit hundert schwarzen Augen sah.
Der Mond von einem Wolkenhügel
Sah kläglich aus dem Duft hervor,
Die Winde schwangen leise Flügel,
Umsausten schauerlich mein Ohr;
Die Nacht schuf tausend Ungeheuer,
Doch frisch und fröhlich war mein Mut:
In meinen Adern welches Feuer!
In meinem Herzen welche Glut!

Dich sah ich, und die milde Freude
Floß von dem süßen Blick auf mich;
Ganz war mein Herz an deiner Seite
Und jeder Atemzug für dich.
Ein rosenfarbnes Frühlingswetter
Umgab das liebliche Gesicht,
Und Zärtlichkeit für mich – ihr Götter!

Ich hofft es, ich verdient es nicht!

Doch ach, schon mit der Morgensonne
Verengt der Abschied mir das Herz:
In deinen Küssen welche Wonne!
In deinem Auge welcher Schmerz!
Ich ging, du standst und sahst zur Erden,
Und sahst mir nach mit nassem Blick:
Und doch, welch Glück, geliebt zu werden!
Und lieben, Götter, welch ein Glück!

Im Gedicht Willkommen und Abschied von Johann Wolfgang von Goethe geht es um das nächtliche Treffen des lyrischen Ichs mit seiner Geliebten, wobei der Ritt des Lyrischen Ichs sowie der Abschied am nächsten Morgen eine wichtige Rolle spielen. Das 1789 veröffentlichte Gedicht besteht aus 4 Strophen, die jeweils aus 8 Versen bestehen. In den ersten beiden Strophen wird der Weg des Mannes zu seiner jungen Dame beschrieben, in der dritten Strophe berichtet das lyrische Ich von seiner Begegnung mit seiner Geliebten und in der letzten Strophe kommt es schließlich zum Abschied der beiden Liebenden.

Das Gedicht besteht ausschließlich aus 4-hebigen jambischen Versen, was einem zusammen mit dem ebenfalls regelmäßigen Aufbau der einzelnen Strophen auf den ersten Blick eine unaufgeregte Atmosphäre vermittelt.
Der Rhythmus ist jeweils dem Inhalt angepasst. In den ersten beiden Strophen ist der Rhythmus dem Ritt des Reiters nachempfunden, in der dritten Strophe hingegen ist der Rhythmus äußerst langsam und unregelmäßig. In der letzten Strophe ist der Rhythmus wieder gleichmäßiger und schneller.

Das lyrische Ich reitet auf einem Pferd bei Abenddämmerung und Nebelbildung zu seiner Geliebten. Er freut sich auf das Treffen mit ihr, doch schon in der ersten Strophe deutet sich an, dass er sie nur heimlich treffen kann, dies wird mit der Metapher „Wo Finsternis aus dem Gesträuche mit hundert schwarzen Augen sah." (V 7-8) deutlich. In der ersten Strophe werden Personifikationen[1] und Naturmetaphern zur Veranschaulichung des Rittes verwendet („schon stand im Nebelkleid die Eiche, ein aufgetürmter Riese", Vers 5-6)

Auch in der zweiten Strophe beschreibt der Geliebte den Ritt zu seiner Geliebten. Mittlerweile scheint auch schon der Mond, der allerdings aufgrund der Wolken, das lyrische Ich nennt es in Vers 10 „Duft" , kaum zu sehen ist. Er skizziert die nächtliche Umgebung, die für ihn eine schaurige Atmosphäre schafft. Der Wind „umsaust schauerlich" sein Ohr (Vers 12), während „die Nacht tausend Ungeheuer schuf" (Vers 13). Allerdings überwiegt bei ihm die Vorfreude auf das Treffen und die Leidenschaft seiner Geliebten gegenüber deutlich. Eine Alliteration[2] „frisch und fröhlich war mein Mut" (Vers 14) sowie eine Anapher[3] „In meinen Adern welches Feuer! In meinem Herzen welche Glut" (Vers 15-16) verstärken diesen Eindruck.

In der dritten Strophe gibt es im Gegensatz zu den ersten beiden Strophen nur noch positive Gefühle. Waren in den ersten beiden Strophen noch Angst und Furcht Teil seiner Gefühle, ist er nun vollkommen in der Begegnung mit seiner Geliebten versunken. Auch seine Geliebte scheint ihn sehnlich erwartet zu haben und scheint nun auch das Treffen mit ihm zu genießen. („die milde Freude floß von dem süßen Blick auf mich", Vers 17-18). Er berichtet uns von seinen innigen Gefühlen ihr gegenüber, dass sein Herz „ganz auf" ihrer „Seite" war und „jeder Atemzug für" sie war (Vers 19-20). Man merkt, dass der Geliebte von ihr überwältigt ist, er beschreibt sie als eine Frau mit einem „lieblichen Gesicht", dass von einem rosenfarbnem „Frühlingswetter" umgeben wird (Vers 21-22). Aber nicht nur in diesen beiden Versen ist er sehr euphorisch, im Anschluss bedankt er sich sogar persönlich bei den Göttern.

In der letzten Strophe kommt es nun zum abschließenden Element des Gedichtes, zum Abschied. Da mittlerweile die Sonne aufgeht, müssen die beiden ihr Rendevouz beenden. Für beide fällt der Abschied sehr schwer. Bei ihm verengt sich das Herz (Vers 26) und auch ihr Liebesschmerz wird explizit durch eine Anapher hervorgehoben: „In deinen Küssen welche Wonne! In deinem Auge welcher Schmerz!" (Vers 27-28). Als der Geliebte wegreitet, bleibt sie weinend zu Boden schauend zurück. Als der Geliebte beim Weggehen sieht, dass seine heimliche Geliebte weint, spricht er zu den Göttern und bezeichnet es trotz des Liebeskummers als „Glück, geliebt zu werden" und ist froh darüber, dass er die Liebe erlebt.

Auffallend an dem Gedicht ist, dass das Gedicht mit einer positiven Meinung zur Liebe endet („Und lieben, Götter, welch ein Glück!", Vers 32) und das trotz des Liebeskummers und trotz der Tatsache, dass sich die beiden wieder trennen müssen.
Das Gedicht ist ein typisches Gedicht aus der Epoche des Sturm und Dranges. Der Ritt des Reiters ist ein typisches Motiv aus dieser Epoche. Die Botschaft, dass es sich lohnt, für die Liebe zu kämpfen, auch wenn die Liebe oft auch negative Aspekte mit sich bringt, gefällt mir besonders. Was mir auch sehr gut gefällt ist, dass das Gedicht von der Form her so schlicht aufgebaut ist, so kann man sich stärker auf den facettenreichen Inhalt konzentrieren. Die Strophen Eins und Zwei stehen für den impulsiven, sehnsüchtigen, teils auch furchtvollen Weg des Lyrischen Ich zu seiner Geliebten, die Dritte Strophe erzählt die intime, romantische Begegnung der beiden Liebenden und die letzte Strophe berichtet von dem innigen, aber auch schmerzvollen Abschied.

3. 5. Die Anfänge der Balladendichtung

Vorraussetzung für die Herausbildung der deutschen Kunstballade war eine europäische geistige Neuorientierung: der Irrationalismus. Anstöße für Entwicklung der Kunstballade waren aus England gekommen: 1765 Percys Reliquies of Ancient Poetry (Sammlung von engl. Volksballaden, Verserzählungen, Liedern und Gedichten ab 15. Jh.). Percys Sammlung löste in Deutschland eine Sammlertätigkeit nach einheimischen Volksliedern aus.
Die ersten Balladen stammten von Hölty: 1771 Ebenteuer und 1773 Die Nonne. Im selben Jahr wie Höltys Nonne entstand darauf Bürgers Lenore. Bürger versuchte mit seiner volksmäßigen Literatur alle Bevölkerungsschichten gleichmäßig anzusprechen. Er gebrauchte dabei eine nicht rationale und nicht logische Darstellung, sowie rein rhapsodischen Stil (Lebendigkeit, Unmittelbarkeit, Leidenschaftlichkeit, Volksmäßigkeit).
Im Jahr 1771 beschäftigte sich auch Goethe mit dem Sammeln von Volksballaden im Elsass. Mit Goethes Fischer 1778 und Erlkönig 1782 begründete er die naturmagische Ballade.

4. <u>Themen des Sturm und Drang (Zusammenfassung)</u>

Bevorzugte Themen waren:
- die Selbstverwirklichung eines genialen Menschen (Faust, Prometheus),
- der Zusammenstoß des einzelnen mit der gesellschaftlichen Wirklichkeit (Kampf um gesellschaftliche und moralische Freiheit)
- der Konflikt zwischen Moralkodex und Leidenschaft
- der Protest gegen ständische Schranken oder die Korruption der Herrschenden (Kampf um politische Freiheit)
-    Konflikt zwischen Natur und Kultur

5. Vertreter und Werke

Johann Wolfgang Goethe (1749-1832)
- Zum Shakespeartag (Rede) 1771
- Sesenheimer Lieder 1770/71
- Götz von Berchlingen (Drama) 1773
- Prometheus1773/77, Ganymed 1774 (Gedichte)
- Die Leiden des jungen Werthers (Roman) 1774

Friedrich Schiller (1759-1805)

- Die Räuber 1781 (Drama)
- Kabale und Liebe1784 (Drama)

Jakob Michael Reinhold Lenz (1751-1805)

- Der Hofmeister 1774 (Drama)
- Die Soldaten 1776 (Drama)

Heinrich Leopold Wagner

- Die Kindermörderin 1776

6. Literatur und Quellenverzeichnis

Karthaus, Ulrich: Sturm und Drang und Empfindsamkeit, 1976, Stuttgart (Reclam)
Kluckert, Ehrenfried: Schiller, Originalausgabe 2004, Köln (DuMont Literatur und Kunst Verlag)
Lamping, Dieter: Allgemeinbildung – Das musst du wissen Werke der Literatur, 1. Auflage 2006, Würzburg (Arena Verlag)
Lewin, Waldtraut: Goethe, 1. Auflage 2004, München (cbj)
Luserke, Matthias: Sturm und Drang, 2006, Stuttgart (Reclam)
Mai, Manfred: Friedrich Schiller „Was macht den Mensch zum Menschen?", 2004, München (Carl Hanser Verlag)
Pilling, Claudia: Friedrich Schiller, Originalausgabe 2002, Reinbek bei Hamburg (Rowohlt Taschenbuch Verlag)
Richter, Karl: Gedichte und Interpretationen Aufklärung und Sturm und Drang, 1986, Ditzingen (Reclam)

http://vaidila.vdu.lt/~daad/daad/materialien/studienmaterial/aufklaerung/pdf/Die%20Epoche%20des%20Sturm%20und%20Drang.pdf
http://gutenberg.spiegel.de/?id=5&xid=3793&kapitel=1#gb_found
http://www.hausarbeiten.de/faecher/vorschau/101988.html
http://www.pohlw.de/literatur/epochen/stdrang.htm
http://www.phil-fak.uni-duesseldorf.de/germ2/neuhaus-koch/drang/index.html
http://www.literaturknoten.de/geschichte/spezif/literaturg/epochen/1770_sturm.html
http://www.lehrer.uni-karlsruhe.de/~za874/homepage/sturm.htm
http://www.lehrer.uni-karlsruhe.de/~za874/homepage/Goethe.htm
http://de.wikipedia.org/wiki/Sturm_und_Drang
http://benwahler.tripod.com/sturmdrangd.htm

http://de.wikipedia.org/wiki/Genie
http://www.benwahler.net/WerthersWelt/wertherd.htm
http://www.benwahler.net/WerthersWelt/kabale.htm
http://www.meinebibliothek.de/Texte9/
http://www.fundus.org/pdf.asp?ID=7595
http://referateguru.heim.at/Willkommen.htm
http://www.htwm.de/~gym-rl/privat/smay/werke/willkommen.html
http://de.wikipedia.org/wiki/Die_Leiden_des_jungen_Werthers
http://www.referate10.com/referate/Literatur/36/Goethe-Die-Leiden-des-jungen-Werther-Inhaltsangabe-reon.php
http://www.dieterwunderlich.de/Goethe_Werther.htm#com
http://www.xlibris.de/Autoren/Goethe/Werke/Die%20Leiden%20des%20jungen%20Werthers
http://de.wikipedia.org/wiki/Kabale_und_Liebe
http://www.meinebibliothek.de/Texte9/html/genie.html
http://www.meinebibliothek.de/Texte9/html/drama.html
http://www.meinebibliothek.de/Texte9/html/lyrik.html
http://www.meinebibliothek.de/Texte9/html/politik.html